QUAND LE CIEL ET LA TERRE

SE REJOIGNENT

I

En Silence

QUAND LE CIEL ET LA TERRE

SE REJOIGNENT

I
En Silence

Solange Moreno

Poèmes

En hommage

à nos Guides Spirituels

PRÉSENCE

Voilà, c'est une absence
Qui aurait consistance
Et devenant Présence
Elle soutient le silence

Oui c'est une Présence
En toute transparence
Remplie de bienveillance,
Aucune complaisance

Elle est une mouvance
Une intime évidence,
Elle porte assistance
Selon les circonstances

Elle se fait insistance
Si l'on prend ses distances,
C'est parfois la tendance
D'une humaine existence

PRÉSENCE

Elle est une résonnance
Si forte dans le silence,
Bien que toute en nuances
Et tellement de patience

Confère de l'assurance
Quand Elle contrebalance
Toute désespérance
Dès qu'on est dans l'errance

Elle devient fulgurance
Face à toute ignorance,
Au-delà de la science
En Elle une foi immense

Compense l'influence
De toutes les croyances
Et de leurs conséquences
Au sein de nos consciences

PRÉSENCE

Avec Elle une alliance
Comme une résilience,
Là en toute confiance
Face à son indulgence

Et ce bonheur intense,
Même par intermittence,
Grâce à cette expérience
Toute de transcendance

La vie devient une danse
Pleine de déférence
Et remplie d'espérance
Dès lors que l'on s'élance

Et la reconnaissance
D'une telle évidence :
Elle est la Providence
L'aide à toute renaissance

PRÉSENCE

En faire son Essence
En grande révérence,
Avec persévérance
Un peu comme une ambiance

Celle d'une appartenance,
Joie sans équivalence,
Et L'aimer en silence
Pour toute récompense

Toujours, en permanence
L'aimer . . . En silence

NÉE EN SILENCE

Être née dans le silence,
Par et pour ce qui s'élance,
En servant la Vie qui danse
Et cela depuis l'enfance

Être née par le silence,
Du plus profond de son âme,
Pour lui vouloir être flamme
Par laquelle tout recommence

Être née pour le silence
Et l'aimer le magnifier,
Puis sur Terre révéler
Ce qu'il voudra bien confier

Revenir de ce silence
Et sans cesse y retourner,
Chaque jour prenant conscience
Que là tout à y gagner

NÉE EN SILENCE

En pardonnant à autrui,
À tous ceux qui dans le bruit
Ferment leur vision, leur ouïe,
Face au silence qu'ils fuient

En être l'incarnation,
Dans le calme, la quiétude,
Choisir la mansuétude
Parfois en béatitude

Loin de la similitude,
Celle vouée aux certitudes,
Se consacrer à l'étude
Avec grande exactitude

Et prenant de l'altitude
Là, gagner en amplitude,
Développer l'aptitude
Pour en faire une habitude

NÉE EN SILENCE

Toujours gommer l'inquiétude
Comme les incertitudes,
Ignorer toute lassitude
Faite pour d'autres latitudes :

Celles d'une multitude
D'une extrême platitude,
En lieu de la plénitude
Tombée en désuétude

Pour tout cela, rectitude,
Loin de tout ce qui élude,
Sans aucune servitude,
Juste un peu de solitude

Pour ce qui sert d'interlude,
Fuyant la vicissitude
Modifier la longitude,
Toujours en sollicitude

NÉE EN SILENCE

Et retrouver l'amplitude,
S'épanouir en altitude
Devenue une habitude :
Joie, plaisir et gratitude

SEULE . . . OU PAS

Près de moi il y a toi
Que je ne connais pas,
Silencieux et courtois
Bienveillant avec moi

Quand seule je me déploie
Faisant ce que je dois,
J'oublie que tu es là
Respectant tous mes choix

Parfois je m'apitoie,
Je me sens à l'étroit,
Souvent à contre-emploi
Et s'envole ma joie

Là, dans mon désarroi
Je ne m'aperçois pas
Que tu veilles sur moi,
Présent où que je sois

SEULE . . . OU PAS

Alors j'entends ta voix
Qui me parle tout bas
Te rappelant à moi,
M'apaisant chaque fois

Et puis ces moments là
Où seule je me débats,
Trop de questions en moi
Que je ne formule pas :

Tu réponds simplement
Et me laisse sans voix,
Donnant LA solution
Que je ne voyais pas !

Tu m'enseignes chaque fois
Avec subtilité,
Me montrant un Chemin,
Ne Le connaissais pas

SEULE . . . OU PAS

En douceur et sans bruit
Tu me donnes la main :
Avec toi chaque fois
Meilleure je deviens

Devant tant de clarté,
Devant tant de bonté
Et tant de bienveillance,
Toute en simplicité,

Je deviens gratitude
Sans plus rien à penser,
Chaque fois me retrouve
Remplie d'Éternité

QUAND L'ESPOIR NOUS TEND SES BRAS

Et quand l'espoir nous tend ses bras
Le vrai, le bon, qu'on dit : « C'est ça »
Quand on le sent, et qu'on y va
Non, rien ne nous arrêtera !

Quand ces mots, quand ce regard-là
Et cette voix montrent la voie
Tout soudain se remplit de joie,
Les montagnes retrouvent le plat

Il n'y a plus rien à gravir,
Il reste juste à écrire
Ce qui est là, au fond de soi,
Qui attend . . . Mais qui attend quoi ?

L'énergie soudain qui revient
Et qui retrouve le Chemin,
Cette énergie qu'on ne voit pas
Mais qui porte là où l'on va

QUAND L'ESPOIR NOUS TEND SES BRAS

Tout peut alors recommencer :
Cette fois il faut y aller,
Sans hésiter, sans s'accrocher
À ce qui reste du passé

Tellement bon de tout tenter
Pour "Cela" qui est redonné,
Avec le courage et la foi
Retour direct dans la joie

Où tout se résout au-delà
De soi-même qui n'y croyait pas,
Et qui contemple sans bouger
Ce qui se fait là, bouche bée

Nouvel espace ouvert en soi,
Et qui accueille et puis qui voit,
Pas de mots plus loin dans la joie
Juste se jeter dans ses bras

Au-delà de ce qui se voit,
Même si l'on n'y croyait pas,
Plus de mots c'est juste la joie
Et puis c'est tout, et puis voilà !

TOI ET MOI

Tu vis dans l'air
Moi sur la Terre
Toi dans l'Éther
Moi dans ma chair

Tu te déplaces dans l'atmosphère
Je réside dans la matière,
Parfois un peu trop sédentaire
Je suis austère de caractère

Toi solidaire, moi solitaire
Souvent à toi je me réfère :
Une habitude nécessaire,
Me réconforte dans mes hivers

Quand je visite d'autres sphères
Dans des endroits intermédiaires,
Tu restes mon point de repère
Car tu es là et tu m'éclaires

Tant d'occasions dans l'univers
De voir, de penser de travers,
Quand je reviens vers ta Lumière
Je retrouve l'itinéraire

Par toi j'apprends, suis écolière,
Mais sans cartable et sans bréviaire,
M'efforce d'être régulière
Dans mon écoute, à ma manière

Parfois un peu aventurière
Je fais l'école buissonnière,
Me perds au-delà des frontières :
C'est là que tu me récupères

De toi je reste tributaire
Dans cette vie bien éphémère,
Toi qui connais tous les Mystères,
Mais toi qui sais aussi te taire . . .

Souvent je rêve d'un monastère
Où je vivrais avec mes pairs
Quand trop seule je désespère,
Ou que je reviens en arrière

Si je me montre volontaire
Tout en moi devient stationnaire,
Alors recherche ta Bannière
Et puis j'attends, me régénère . . .

Devant ta sagesse j'obtempère,
Moi qui refuse d'ordinaire
De toi j'accepte et puis j'adhère,
Tous mes élans je les tempère

Quand il ne reste que la prière
Et cet espoir qui me libère,
Alors oui, à nouveau j'espère :
Je te le dois
Sans commentaire

MÉTAMORPHOSES

Quand vient l'heure des métamorphoses
Plus vite que l'on ne suppose,
Alors plusieurs choix qui s'imposent,
Plus question que l'on se repose

Quand viennent les métamorphoses,
Celles qui demandent que l'on ose,
Aussitôt pour une telle cause
Émerger de l'état de pause

Mais toutes ces métamorphoses
Tant de changements présupposent
Dès lors qu'est fait ce que proposent
La Vie, l'Amour et toutes ces choses
La Vie, l'Amour . . . Toutes ces choses

S'écarter de ce qui s'oppose
À tout "Cela" dont on dispose,
Face à des actes que l'on pose
Avec eux rester en symbiose

MÉTAMORPHOSES

Pour d'autres temps, pour d'autres causes
Que malgré soi la Vie propose,
Dans ces moments où l'on s'expose
À la manière des virtuoses

Tandis qu'en soi, à peine écloses
Des musiques que l'on compose,
À la fois le son et la prose
Les images se superposent . . .

Alors surgissent d'autres clauses,
D'autres accords, ce qui suppose
De toujours rester en osmose,
Ne rien laisser qui s'interpose

Face au risque à nouveau de pause,
Contraire aux vœux les plus grandioses
De rêves qui se juxtaposent,
Promesses des métamorphoses

Ne rien laisser qui s'interpose
Entre soi et la vie en rose,
En conservant ce qui s'impose
Le Soi, le Ciel, et puis les roses
Le Soi, le Ciel . . . Les roses

NOS RACINES DU CIEL

Quelque chose a germé
Qui s'est mis à pousser
Chaque jour en silence
En toute intimité

Quelque chose a grandi
S'est élevé sans bruit
Rejoignant dans le ciel
Des racines arc-en-ciel

Nos moments de silence,
Prières muettes ou dites
Y conduisent chaque fois
Ravivant notre foi

Et dans cette Lumière
Où tout se régénère
Pouvons enfin aimer
En toute sérénité

NOS RACINES DU CIEL

Car là-bas tout est simple
Ici-bas compliqué,
Oui, là-bas une joie
Dont nous sommes inondé.e.s

Nos racines du ciel
Révèlent des merveilles,
Ce que nous pourrions être
Au-delà de notre être :

“Petit moi” qui veut ça
“Petit moi” qui fait ça
“Petit moi” qui dit ça
Le “grand moi” n’est pas là !

“Petit moi” qui croit ça
“Petit moi” ne voit pas
“Petit moi” n’entend pas
Où est donc le “grand moi” ?

Racines matricielles
Elles veillent et t'éveillent,
Quand elles t'interpellent
S'ouvre tout grand ton ciel

Le sais-tu, le sens-tu
Le vois-tu, entends-tu
Ce qu'elles montrent, ce qu'elles disent
Comme elles vibrent, comme elles luisent ?

Quelque chose a germé
Qui s'est mis à pousser
Rejoignant dans le ciel
Des racines arc-en-ciel

Quelque chose a germé
Qui s'est mis à pousser
Rejoignant dans le ciel
Nos racines éternelles

PLUS JAMAIS SEUL.E

Était-ce le jour ou bien la nuit,
Tout à coup cela s'est produit :
Se retrouver tout ébahi.e
Face à un phénomène inouï

La forme que cela a pris
Est sans importance ici,
C'est une affaire de ressenti :
Nouveau Chemin pour autre vie

Qui s'est ouvert en soi, sans bruit,
Lumière soudain qui a surgi,
Compréhension qui a suivi
Pour ce qui vivait dans la nuit

L'espace qui vibre à l'envi
De "Cela" entendu et dit,
En dépliant tous les replis
Immensité, là, qui sourit

PLUS JAMAIS SEUL.E

Savoir en cet instant précis
Qu'un autre chapitre s'écrit,
Évidence qui resplendit :
Plus jamais seul.e dans cette vie

Le mot "Présence" enfin compris
Comment expliquer à autrui
Ce qui a pris place ici,
Juste l'envie de dire : « Merci »

« Merci, merci, encore merci »
Sans savoir où cela conduit,
Car depuis cet instant béni
Le vide en soi s'est rempli

De joie, d'espoir, de plénitude,
De confiance et de gratitude,
Loin des chemins de l'habitude
Adieu enfin la solitude

PLUS JAMAIS SEUL.E

Plus jamais seul.e dans cette vie,
Soulagement à l'infini
À la fois dans le cœur, l'esprit
Des souhaits, des vœux . . . Enfin permis !

Plus jamais seul.e, la Vie répond,
Avec Elle vivre à l'unisson :
Par cette Vibration sans nom
C'est d'Amour dont il est question

Par cette Vibration sans nom
L'Amour . . . Répond

CERVEAU QUI PENSE ET CERVEAU QUI PRIE

Quelqu'un me dit un jour :
« Vous savez, les ennuis
Toujours ça vous poursuit,
C'est comme ça, c'est la vie

Et le temps qui s'enfuit
Emportant nos envies
Et toutes nos rêveries,
Ça aussi, c'est écrit »

Pourtant certaines nuits,
Ou certains jours de pluie,
Quand tout semble détruit
Sans issue, sans sortie

Que l'idée vient enfin,
Sans autre théorie,
De changer de registre
De niveau d'énergie :

C'est le cerveau qui pense
C'est le cerveau qui prie
C'est le cerveau qui danse
C'est le cerveau qui rit

C'est une mélodie
Jaillie de l'infini
Qui nous parvient sans bruit
Comme tout près d'ici

Telle une prophétie
Elle nous parle, nous instruit
Et au moment choisi
Tant de choses Elle dit

C'est là que se produit,
Toujours sans préavis
Un tout nouveau défi
Qui nous laisse ébloui.e.s :

Soudain guidé, conduit
Et comme investi
Notre esprit a grandi,
Tout devient inédit . . .

C'est le cerveau qui pense
C'est le cerveau qui prie
C'est le cerveau qui danse
C'est le cerveau qui rit

Toujours en synergie,
Ce cadeau de la Vie
Sans cesse reconstruit
Une belle harmonie

À la paix se dédie,
Aux projets s'initie,
Alors que tout en lui
S'affranchit et sourit

Tout cela est en toi
Tout cela est gratuit,
Là est ton paradis
Et le rêve est permis

Tu le sais, mon ami.e
En toi de la magie,
Oui, en toi du génie
Reliés à l'infini :

Par le cerveau qui pense
Par le cerveau qui prie
Par le cerveau qui danse
Par le cerveau qui rit

Par ton cerveau qui pense
Par ton cerveau qui prie
Par ton cerveau qui danse
Lui qui aime la Vie

C'EST COMME ÇA

Toujours, quand je m'adresse à toi
Tu me reçois, je te reçois
Dans la lumière de notre foi
La même en toi, la même en moi

Ce que tu donnes à connaître,
Ce que je n'imaginais pas,
M'apporte alors tant de bien-être :
À chaque fois vibre ma joie

Quand je m'étire jusques à toi,
Veux te rejoindre où ne dois pas,
Tu me rappelles à ta manière
Que ma place est là, tout en bas

Que pour l'instant c'est comme ça,
Que je dois vivre pas à pas,
Que la Terre a besoin de moi
Puisque je m'y trouve, et voilà

C'EST COMME ÇA

Mais moi j'ai tant besoin de toi,
De ta présence, ta bienveillance,
Besoin d'élever ma conscience
Pour vivre en paix dans ton silence

Oh oui, j'ai tant besoin de toi,
De ta constance, de ta patience :
C'est comme une réminiscence
D'un bonheur d'avant ma naissance . . .

Sans cesse j'élève ma conscience,
Vis dans ta paix et la confiance,
Rejoins l'Amour en ta présence
Me régénère dans ton silence

Me régénère . . . En silence

PHYSIOLOGIE CRÉATRICE

Et de l'espoir fais un miroir
De la patience, une résidence
Et puis il y a aussi la chance
Alors reste dans la confiance

Sur des ailes de persévérance
Nappe le tout de gratitude,
Et puis fais en une habitude
Devenue nouvelle aptitude

Alors s'ouvre enfin le Chemin
Qu'ici sur Terre nommons "Destin"
Fait de tous ces tout petits riens
Qui changent la vie au quotidien

Comme la voix des Anges-Gardiens
Veillant sur nous, simples terriens,
Ces petits riens du quotidien
Ne sont pas toujours cartésiens

PHYSIOLOGIE CRÉATRICE

Ils font office de tremplin,
Nous aident à rester sereins,
Face aux questions des lendemains
Ils font du courage un refrain :

Avec la Vie rester en lien
Respecter le Dessein Divin
Et ce qui n'est pas anodin
Trouver sa place, ici, enfin

VOLER EN SOLITAIRE

Voler en solitaire
Seul.e et libre comme l'air,
Surfer comme en pleine mer
Au milieu de l'Éther

Et vivre des poussées
Vers le haut par milliers,
Toujours accompagné.e
D'invisibles aimé.e.s

Et puis se déplacer
Bouger, virevolter,
Par moment y croiser
D'indicibles beautés

Pour ensuite stationner
En immobilité,
Et puis recommencer
En joies réitérées

VOLER EN SOLITAIRE

Franchissant les barrières
Au-delà des frontières,
Loin des points de repères
Côtoyer les Mystères

Redescendre sur Terre
Doucement, sans rien faire,
Surfer dans l'atmosphère
Sur de grands coussins d'air

S'approcher, retrouver
Un peu de densité
Délaissée, oubliée,
En ces instants passés

Et se laisser aller,
Lentement tournoyer :
Matière réintégrée
À nouveau s'incarner

VOLER EN SOLITAIRE

Dans son âge, ses idées,
Corps parfois fatigué,
Mais les deux bras chargés
De cadeaux rapportés

Des lieux et des contrées
Par l'esprit visités
Dont les ailes à présent
Peuvent se replier

Puis enfin savourer
En plaisir partagé
Le don que l'on en fait
À toute l'humanité

SILENCE

Savoir écouter le silence
Pour entendre ce qui s'y dit,
Ce qui s'y fait, ce qui y vit
Bien au-delà de nos ennuis

Au-delà de l'espoir aussi,
Et même au-delà de l'oubli,
Puisqu'éternel est ce qui vit
Là où nous sommes tous réunis

Pouvoir écouter le silence
Très loin de tout ce qui pépie,
Et savourer cette jouissance
De côtoyer à l'infini

Ce qui anime et nourrit
La Source Vive de nos vies,
De tous côtés, comme par magie,
À chaque instant et c'est ainsi

SILENCE

Nourrissons-nous de ce silence
Laissons naviguer notre esprit,
Pour aller plus loin dans la danse
De tout "Cela" qui est en vie

On nous parle depuis le silence
Et parfois même dans le bruit,
Cela est sous la dépendance
De notre cœur et de notre ouïe

C'est tout ce qui fait l'importance
De "Cela" qui doit être dit,
Au moment, à l'instant choisi
Au-delà de nos galaxies . . .

Il y a ce qu'on croit ici
Et tout ce qui est, mais sans bruit :
Ce sont des formes d'énergies,
Comme toi, comme moi, comme nous, en vie

SILENCE

Il y a même, je te le dis
Passé, présent, tous réunis
Pour un futur qui s'accomplit
En nous avant que d'être écrit

Nourrissons-nous de ce silence
Laissons naviguer notre esprit,
Pour aller plus loin dans la danse
De tout "Cela" qui est en vie

La Source Vive de nos vies
Que l'on rejoint un jour, d'ici
Celle qui fait signe, celle qui luit
Elle n'est pas très loin . . . Agit :

Se tient en nous, Elle nous grandit
Juste comme un point sur un i,
Elle est comme le point sur le i
Quand on sourit et quand on rit

SILENCE

Oui comme ce point sur le i

Elle interpelle de l'infini :

Interpellent . . . C'est ainsi

LE CHEMIN DE L'AMOUR

Le Chemin de l'Amour
Est apparu un jour
Il a dit : « C'est par là,
Viens, donne-moi le bras »

Le Chemin de l'Amour
S'est détaché un jour
Des dédales du "Rien"
Sans aucun lendemain

Le Chemin de l'Amour,
Le Chemin des "Toujours"
Te conduit à l'envi
Là où sévit la Vie

Il est là, cet Amour
Tu ne le voyais pas,
Il s'est ouvert à toi
Il te montre tout bas

Et tu vas et tu voles,

Le bonheur te console

Tu es bien, y reviens :

Enfin les lendemains

Le Chemin de l'Amour

Est apparu un jour

Il a dit : « C'est par là,

Tous les deux on y va

C'est par là, oui par-là,

C'est pour toi, allez . . . Viens ! »

ENSEMBLE

Il y a les petits problèmes,
Faciles à résoudre et sans peine
Sans qu'aucune aide n'intervienne :
Pas de questions, pas de dilemme

Il y a les moyens problèmes,
Ceux qui déboulent sur la scène
Perturbant la vie quotidienne :
Il faut gérer façon humaine

Mais il y a de ces problèmes
Qui, de petits, de taille moyenne
Enflent très vite vers des extrêmes
SOS dresser les antennes !

En ces instants, sortis d'Eden
Tout soudainement nous parviennent
Des injonctions que l'on discerne,
Ou bien « Attends » pour qu'on s'abstienne . . .

ENSEMBLE

Démonstration, grâce certaine
Si chère, si douce, et non Terrienne
Qui nous libère de nos chaînes :
Origine Supra-Humaine

Tout se résout, l'on sort indemne,
Même si parfois le teint blême,
"Ensemble" est le cadeau suprême
Pour qu'on apprenne, que l'on comprenne

Mon Dieu, mon Dieu, que je vous aime
Et je vous dédie ce poème,
Encore, toujours sur le même thème
Et d'une manière quotidienne

À ceux qui servent Votre Règne
À celles que Votre Amour imprègne
Un grand merci de collégienne
De vies en vies toujours la même

ENSEMBLE

Que chaque jour, chaque semaine,
Votre Présence nous ramène
Vers Vos Espaces d'où l'on aime,
Retrouver cette Joie extrême

Votre Joie, oui, celle-là même
Qui illumine nos vies humaines

DIEU

Dieu est Évidence
Manifestation
Là dans la Présence
Une Perception

Une Sensation
Vécue en silence
Via l'esprit, le cœur,
Et à l'unisson

De tout ce qui est
De ce qui se fait
En tous les instants
Sans aucun délai

Est Magnificence
Dans notre conscience
Au sein des Mouvances
De tout ce qui danse

Et qui se transmet

Mieux quand tout se tait

Pour des Vibrations

Vécues en secret

Pour des Vibrations
vécues en secret

QUAND LE CIEL ET LA TERRE SE REJOIGNENT

Quand le Ciel et la Terre se rejoignent
C'est la peur, l'ignorance qui s'éloignent,
La Lumière qui nous accompagne
Notre cœur, notre joie en témoignent

Quand le Ciel et la Terre se rejoignent
L'Énergie Bienfaisante nous soigne,
Comme la mer, la montagne, la campagne
Réunies en pays de Cocagne

Quand le Ciel et la Terre se rejoignent
Vie s'envole au-dessus des arcanes,
Des embruns, de la brise océane,
L'existence tout entière devient manne

Quand le Ciel et la Terre se rejoignent
Tout en nous chante les retrouvailles,
Et nos mains, nos regards qui se joignent
Célèbrent le retour au bercail

QUAND LE CIEL ET LA TERRE SE REJOIGNENT

Et du temps, de l'espace, s'affranchir

Dans d'autres dimensions, atterrir

La Lumière de l'âme, réfléchir

Dans le cœur et le corps, s'assagir

Devenir un être qui respire

Et s'allège, changeant de point de mire,

Qui se meut sans qu'il n'y ait rien à dire

Pratiquant le rester, le partir

S'enhardir dans un éclat de rire,

Savourer et vibrer à loisir,

Et choisir sans nul autre désir

Qu'une vie sans cesse à embellir

Jusqu'à voir le Futur et le lire,

Retrouver la Voie et le Plaisir

Pour aider le Destin et agir,

En créant avec Lui l'Avenir

REMERCIEMENTS

C'est avec beaucoup d'émotion et une très amicale pensée, que je remercie Isabelle Desbenoit pour sa présence éclairée à mes côtés dans les débuts de ce projet. Ses relectures attentives m'ont été d'une aide précieuse : ses conseils, sa bienveillance et ses encouragements, toujours dans le sourire, restent gravés en moi comme une confirmation qu'il existe, ici, sur Terre des êtres-relais de tout "Cela" qui nous accompagne. Un grand MERCI, Isabelle, du fond du cœur.

J'adresse également mes chaleureux remerciements à Anne B. qui a mis à ma disposition la richesse de son expérience professionnelle, dans une implication engagée m'ayant permis d'achever sereinement la présentation de ces pages : avec ma profonde gratitude, Anne, un grand MERCI à vous.

Collection
"QUAND LE CIEL ET LA TERRE SE REJOIGNENT"
Poèmes

II : À Deux Voix
Éditions BoD 2024

III : En Cheminant
Éditions BoD 2024

Collection
"VIVRE SA VIE"

1 - EN RELAXATION
(Éditions du Levain 1989 : épuisé)
Réédition BoD 2024

2 - EN PROGRAMMATION POSITIVE
(Éditions du Levain 1989 : épuisé)
Réédition BoD 2024

TABLE DES MATIÈRES